AF253840

DE LA DISSOLUTION

DE LA

CHAMBRE DES DÉPUTÉS.

DE LA DISSOLUTION

DE LA

CHAMBRE DES DÉPUTÉS,

ET DES RÉSULTATS QUE CETTE DISSOLUTION PEUT AVOIR POUR LA NATION, LE GOUVERNEMENT ET LE MINISTÈRE;

PAR M. Benjamin CONSTANT,

DÉPUTÉ DE LA SARTHE.

DEUXIÈME ÉDITION,

REVUE ET CORRIGÉE.

A PARIS,

CHEZ BÉCHET AINÉ, LIBRAIRE-ÉDITEUR,

QUAI DES AUGUSTINS, N° 57.

ET A ROUEN,

CHEZ BÉCHET FILS, LIBRAIRE,

RUE GRAND-PONT, N° 73.

1820.

DE L'IMPRIMERIE DE HUZARD-COURCIER,
RUE DU JARDINET, N° 12.

DE LA DISSOLUTION

DE LA

CHAMBRE DES DÉPUTÉS,

ET DES RÉSULTATS QUE CETTE DISSOLUTION PEUT AVOIR POUR LA NATION, LE GOUVERNEMENT ET LE MINISTÈRE.

On dit que la dissolution de la Chambre des Députés vient enfin d'être résolue. J'en félicite la France. Une occasion lui est offerte de prononcer elle-même sur ses destinées. Si désormais elle n'est pas libre, sa servitude sera son ouvrage. Elle l'aura sanctionnée spontanément; elle s'y sera résignée de son plein gré; et quel que soit le joug qui pèse sur elle, elle aura du moins perdu le droit de se plaindre.

Sans doute la carrière que lui ouvrirait la détermination du Gouvernement, est hérissée de beaucoup de difficultés, et semée peut-être de quelques embûches.

L'opinion, qui, lorsqu'il s'agit d'élection populaire, devrait, plus que dans toute autre circonstance, jouir d'une indépendance entière, n'a nul moyen de se faire entendre, nul organe pour s'énoncer. La personne de tous les citoyens est de droit à la merci des ministres (1). Je ne recherche point si les ministres abusent de ce pouvoir : ils le possèdent, et c'est assez pour que toute liberté soit suspendue. Ce n'est pas tout : l'on a vu les correspondances intimes, l'objet du respect de toutes les nations libres, enlevées de force à leurs légitimes possesseurs ; l'on a vu des agens sans mission légale, pénétrer dans le sanctuaire de leur domicile. L'on a vu la police intimer à ces agens des ordres et des instructions qu'elle a désavoués, et après s'être mise à la place de la justice pour l'action, se retrancher derrière la justice pour l'impunité (2).

Ainsi, de l'aveu même du ministère, c'est sous l'empire d'une dictature (3) qu'il se donne l'air de consulter la France. C'est un peuple bâillonné qu'il invite à manifester sa pensée. Des censeurs, tels qu'il n'en exista jamais sous aucun régime révolutionnaire ou despotique ; des censeurs qui, chose étrange, ne sont pas anonymes, ont, avec la certitude d'être dévoilés, l'incroyable dévouement d'altérer les pièces authentiques qui leur sont soumises (4) : ils suppriment, non-seulement les opinions, mais les faits ; ils commandent l'imposture (5), permettent l'attaque, interdisent la défense (6); autorisent les calomnies (7), repoussent les réfutations, laissent insulter, sous leurs yeux, avec leur approbation signée, les institutions qu'ont jurées la France et le Monarque ; outrager

(3)

les Députés qui leur sont fidèles (8), et, comme s'ils désiraient une invasion nouvelle, dénoncer à l'Europe l'immense majorité des Français (9).

Dans un pareil état de choses, il est évident que la nation, qui doit exercer par l'entremise de ses électeurs son droit de suffrage, aura, pour s'entendre, se concerter, diriger ses votes sur des candidats qui ne trompent point ses espérances, beaucoup d'obstacles à surmonter ; mais une nation digne de la liberté surmonte tous les obstacles: L'on ne peut forcer personne à inscrire sur son bulletin les noms qu'il repousse. Il y aurait donc lâcheté dans la condescendance, lors même qu'on alléguerait qu'il y a eu tyrannie ou artifice dans la prétention.

Sous un autre rapport, les entraves qui existent ont cet avantage, qu'elles nous serviront à juger enfin sans retour les intentions des ministres : c'est une épreuve qu'ils vont subir. S'ils veulent que les élections soient l'expression du vœu populaire, qu'ils brisent les chaînes qui garottent les électeurs. Qu'ils rendent aux citoyens leurs garanties, aux journaux leur indépendance, à l'opinion les moyens de s'exprimer. Qu'ils se rappellent qu'à Rome nulle force armée n'approchait des comices, et qu'en Angleterre le lieu d'une élection est interdit, comme un sanctuaire, à l'action du pouvoir. S'ils se refusent à suivre ce noble exemple, c'est que leurs intentions sont autres que celles qu'ils professent. Ce n'est point aux droits de tous qu'ils rendent hommage ; c'est à l'exclusion de quelques-uns qu'ils aspirent.

Cette exclusion est en effet le but avoué de la faction dont ils semblent depuis quelque temps recevoir les ordres. « Il serait avantageux, disent les journaux » de cette faction, de faire disparaître, dans un » renouvellement complet de la chambre, ces porte- » voix, ces télégraphes, qui du haut de la tribune » nationale, adressent des harangues et transmettent » des signaux aux agitateurs(10).» Ainsi, ce qu'on voudrait, c'est chasser de la tribune tous ceux qui avertissent la France des périls que courent ses libertés, et si l'on hésite à risquer une mesure franche et hardie, c'est que l'expulsion de ces orateurs importuns ne paraît pas être assez sûre.

Humiliant aveu d'impuissance dans une faction qui prétend nous régir ! Elle ne peut dominer ni par son talent ni par les efforts de ses créatures. Pour qu'on l'écoute, il faut que toute autre voix se taise. Pour qu'elle persuade, il faut qu'elle parle seule. Pour qu'on lise ce qu'elle écrit, la presse doit être son monopole, et nul ne doit écrire que ses salariés. Ce n'est point ainsi que gouvernent des hommes doués de quelque valeur ; ils respectent leurs adversaires en les combattant : ils n'ont pas cette conscience de nullité qui s'applaudit de régner dans le vide, qui

(5)

sent que sa force est négative, qui ne saurait briller que grâce à l'absence de tout ce qui n'est pas servile et médiocre, pour qui toute lutte est une défaite, et qui, pour vaincre ses rivaux, a besoin de les chasser ou de les proscrire. France, patrie de tant de talens et de tant de gloire, dans quel abaissement te plongent ces hommes ! à quel excès ils te font déchoir ! Jamais l'Angleterre, qui est pourtant bien tombée, ne vit cette jalouse fureur d'une infériorité ambitieuse. Jamais M. Pitt ne chercha d'ignobles ressources dans l'éloignement de M. Fox, et le ministère faible et déconsidéré des Grafton et des Bute s'efforça de répondre, non d'imposer silence à Junius.

Notre ministère se prêtera-t-il à l'envieuse bassesse de cette faction ? quelques symptômes le feraient craindre. L'on aperçoit déjà dans ses opérations préalables maint effort pour éluder ou contrarier les votes; maintes entraves mises à l'approche des électeurs indépendans, maintes chicanes diversifiées, et souvent contraires d'un département à l'autre (11). Que de menaces pour les employés ! Que de destitutions annoncées aux fonctionnaires, sans compter ces destitutions plus mémorables, qui ont prouvé que la vertu, l'intégrité, le dévouement au Roi ne pouvaient expier la résistance à des ministres, persécuteurs zélés, collègues indifférens, amis infidèles !

Ne prononçons point toutefois sur eux une sentence irrévocable. Quand nous voyons ce qu'ils ont fait, nous sommes disposés à être sévères. Mais considérons ce qu'une faction bruyante ose leur demander ou même leur prescrire (1 2); nous reviendrons peut-être à quelqu'indulgence. Ils se disent environnés de périls : il se peut qu'ils le croient. S'ils étaient rassurés, seraient-ils moins faibles? Obéiraient-ils enfin à ce penchant naturel aux hommes d'exister par eux-mêmes, et de n'être pas le jouet d'une force étrangère et dédaigneuse (13)? La chance existe; examinons donc le tableau qu'ils se font, ou qu'ils nous font, de la France. Admettons que leurs terreurs soient sincères et recherchons avec eux si elles sont fondées.

« Une agitation violente, nous disent-ils, tour-
» mente la France : ici un parti médite le renverse-
» ment de la monarchie, plus loin se trament des
» conspirations d'élémens divers, mais unis pour
» détruire. L'anarchie nous menace, le despotisme
» militaire la seconde, sauf à l'étouffer après la vic-
» toire; des associations invisibles, des comités di-
» recteurs pervertissent le gouvernement représen-
» tatif jusque dans sa source. »

Séparons ces assertions pour les examiner.

Une agitation violente tourmente la France: sans doute; mais quelles sont les causes de cette agitation ?

Il faut bien les décrire, non pour relever inutilement des fautes passées, mais pour empêcher, s'il se peut, des maux à venir. Il faut indiquer la source du mal, pour appliquer le remède.

La France était satisfaite de ce qu'elle possédait, ce qu'elle possédait lui a été ravi ; elle voulait conserver, on a voulu détruire. Elle aspirait à la stabilité, on l'a fatiguée de projets d'innovations ; on s'est servi d'un prétexte absurde, dont la fausseté était avérée (14). Cette nation calomniée a réclamé ; de nouvelles calomnies se sont attachées à l'expression paisible de ses opinions et de ses vœux. Lorsque ses mandataires ont dit franchement ce qu'il était dans leur mandat et dans leur devoir de dire, on les a maltraités à la tribune, on les a poursuivis presque dans le lieu de leurs séances. Les auteurs des aggressions, des outrages, sont restés impunis. Un ministre est venu affirmer, en présence de la capitale, ce que la capitale savait être faux ; il a persisté, au mépris des faits les mieux constatés, dans des assertions réfutées par l'évidence ; il a inculpé de mensonge des orateurs qui proclamaient des vérités connues de la France entière ; il a accusé de complots ceux contre qui l'on avait complottés, il a signalé comme des conspirateurs des députés à peine échappés aux conspirateurs, et menacé des tribunaux, non les aggresseurs, mais les victimes (15).

Sous ces auspices a été rendue une loi qui , dans sa rédaction primitive, devait faire du gouvernement représentatif la plus misérable parodie (16). Cette rédaction a été changée. Il est resté dans la loi de quoi sauver le gouvernement représentatif ; mais des impressions imprudemment produites ne s'effacent pas au gré du pouvoir.

Tout tendait néanmoins à se calmer , parce que la France est fatiguée, parce qu'elle veut l'ordre , et qu'après avoir manifesté ses regrets et ses répugnances , elle se distrait des uns et surmonte les autres, pour partir du point où elle se trouve , et pour examiner si elle peut profiter de ce qui existe encore, au lieu de s'affliger de ce qui n'est plus. Je le répète , malgré les apparences contraires, tout tendait à se calmer : les irritations s'apaisaient , la nouvelle loi des élection semblait supportable ; mais qui l'eût pensé ? les hommes qui avaient les premiers provoqué cette loi , se sont irrités ou effrayés de ce que la nation s'y résignait. Ils sont tellement convaincus que cette nation ne peut rien admettre qui les favorise , que de cela seul que la désapprobation d'une loi paraît moins violente , ils en concluent que cette loi leur est dangereuse. L'assentiment public leur semble suspect ; ils le prennent pour le symptôme de quelque danger qui les menace. Voyez leurs écrits ; depuis que les amis de la Charte , au lieu de blâmer la loi nouvelle, l'ont revêtue d'une sanction morale, en se préparant à l'exécuter. Si nous eussions persisté à la dire vicieuse, nous eussions été des factieux; nous la disons tolérable, nous sommes des perfides, et cette loi qu'on nous imposait naguères, on s'écrie maintenant qu'il faut la suspendre ou du moins la fausser (17). Telle est la perspective qu'on offre à la France : elle a gémi de l'adoption de la loi, on lui laisse entrevoir qu'elle sera déçue dans l'exécution.

C'est là ce qui prolonge, ce qui ranime l'agitation dont le ministère s'épouvante. La France voit qu'une faction veut lui enlever le dernier débris des institutions qu'elle a payées si cher. Les défiances reparaissent, l'opinion se sépare de l'autorité matérielle qui, sans elle, n'est qu'une domination grossière et précaire. Les esprits qui n'aspiraient qu'à rentrer dans l'ordre, à retrouver le repos, se façonnent à la résistance : tout fermente, tout s'aigrit, tout devient hostile.

Ajoutez à cela les écrits frénétiques que le ministère, investi de la censure, tolère ou protége; ces écrits dans lesquels la France se voit perpétuellement menacée de ce qu'on nomme avec emphase des coups d'état, de grandes mesures, mots justement décrédités et flétris, préambules éternels de l'arbitraire, excuses bannales de l'iniquité.

Comment la France ne serait-elle pas inquiète et agitée, lorsque chaque jour les feuilles censurées sont remplies des projets anarchiques et des propositions sanguinaires des écrivains et des orateurs de ces salons de 1815, héritiers et imitateurs des clubs forcenés de 1793 ? Ces propositions sont d'autant plus alarmantes, que, sous l'empire de la censure, elles semblent être la pensée d'une partie au moins du Gouvernement. Elles paraissent d'autant plus évidemment trahir un plan vaste et redoutable, que quelques-unes ont devancé l'évènement qui sert de prétexte aux autres.

Lorsque dans une feuille du 19 août, nous lisons qu'un acte de vigueur avant les élections donnerait plus d'influence au ministère que tous ses préfets, et que le Gouvernement doit combattre la révolution à armes égales (18), c'est-à-dire (car je défie qu'on trouve à cette phrase un sens différent) qu'il doit recourir aux conspirations supposées, puis aux actes arbitraires, aux épurations, aux déportations, peut-être aux massacres (telle furent, en effet, les armes de la révolution durant ses orages), est-il étonnant que la découverte d'une conspiration, précisément le lendemain de ces propositions étranges, suggère aux esprits défians des doutes fâcheux, et que, sans accuser l'autorité suprême, ils soupçonnent la faction qui lui recommande ces moyens coupables, d'avoir voulu elle-même en essayer, pour contraindre des ministres encore scrupuleux, ou toujours timides, à se soumettre à sa direction ?

Comment la France ne se croirait-elle pas reportée aux époques les plus désastreuses, lorsqu'à l'occasion de cette conspiration, dont aucun détail n'est encore prouvé, aucune obscurité éclaircie, elle lit, dans les mêmes feuilles, qu'il faut imiter Cicéron qui punit les conspirateurs sans les faire juger (19), ne pas laisser aux révolutionnaires le temps de se reconnaître, ne pas s'arrêter à des soldats obscurs (les seuls cependant qui soient inculpés), ne parler ni de temporisation ni de doctrines (20), mais frapper fort et frapper vite (21) ?

Comment ne frémirait-elle pas, quand les mêmes journaux, provocateurs impunis du renversement de toutes les lois, attribuent à des autorités que leurs fonctions rendent respectables et qu'elles devraient rendre modérées, des adresses (22) où l'on retrouve, avec un dégoût mêlé de surprise, l'esprit, le style et toutes les fureurs de nos démagogues ; des adresses où l'on voue au glaive des hommes connus, dit-on, de toute l'Europe, sans examiner s'il y a entre eux et ceux qu'on accuse d'avoir conspiré, le moindre rapport, la moindre intelligence ; des adresses qui, si elles étaient authentiques, nous forceraient à croire qu'un député a pu se porter le dénonciateur de ses collègues, les travestir en tribuns factieux, et transformer en sédition et en révolte les témoignages de satisfaction prodigués par la population de la France entière à ses intègres et fidèles mandataires?

Enfin, lorsqu'après ces explosions d'une fureur d'autant plus suspecte qu'elle paraît calculée, puisqu'elle a, je le répète, précédé l'évènement qu'on lui donne pour cause, un journal qui passe pour être accrédité par le ministère, propose le rétablissement de l'intolérance, celui des priviléges héréditaires, celui des substitutions et de tous les genres d'inégalité ; lorsqu'il indique formellement que c'est aux rois seuls à commander le retour prompt, décidé et complet à des principes qu'il déclare être en sens contraire de la révolution (23); lorsqu'il veut que l'autorité assigne à chacun sa sphère (ce qui rappellerait les castes de l'Inde, à défaut de ses Parias); qu'elle tienne tous les citoyens divisés, pour avoir meilleur marché de leur résistance (ce qui annonce que l'intention du parti dont ce journal se rend l'interprête, est de briser par la force les résistances de l'opinion); lorsqu'il ajoute qu'il faut adopter ce remède unique, parce que le remède qui déplaît le plus au malade peut seul le sauver (ce qui prouve que ce remède serait appliqué par un coup d'état, car on ne consulterait certainement ni le malade, c'est-à-dire la France, ni ses mandataires, pour lui faire accepter un remède qui lui est si odieux); lors, disons-nous, qu'on lit toutes ces choses, imprimées avec privilége, peut-on être surpris des alarmes de tous les hommes, amis de la liberté, ou seulement de l'ordre et de la justice?

Ces alarmes sont mal fondées, telle est ma conviction : mais ce n'est point à ceux qu'elles tourmentent, qu'il faut reprocher de les avoir conçues. La faute ou plutôt le crime en est aux hommes qui font retentir les airs de leurs cris féroces, à ces délateurs infatigables, à ces calomniateurs de leur patrie et de leurs concitoyens, à ces entrepreneurs de tyrannie, qui se félicitent des inquiétudes de la puissance, dans l'espoir qu'elle deviendra barbare comme eux; à ces hommes qui n'ont jamais vu de suspect sans l'affirmer coupable, d'accusé sans demander sa tête, de condamné sans applaudir à son supplice, et sans couvrir des hurlemens de leur rage les gémissemens du malheur (24).

Ici, un rapprochement se présente, et je ne me sens aucun motif pour le taire.

Depuis que l'anarchie a cessé, depuis que le joug de fer qui avait succédé à l'anarchie a été brisé, depuis que nous croyons apercevoir l'aurore d'une constitution libre, cette lie de l'espèce humaine n'existe que dans un parti.

Si l'on en veut la preuve, je vais la donner :

En 1818 aussi, le bruit d'une conspiration décou-verte se répandit en France. Rien n'était connu sur cette conspiration ; mais les accusés étaient dans les fers. Ils avaient, disait-on, voulu renverser la Charte, détruire nos institutions nouvelles, en massacrer les principaux défenseurs, et replacer la nation esclave sous l'empire d'un pouvoir illimité. On les inculpait faussement, je l'admets sans peine ; mais leur innocence n'était point prouvée, et ils languis-saient au fond des cachots.

Que firent alors ceux qu'on appelle les libéraux ? Ils réclamèrent pour ces accusés la justice la plus scrupuleuse ; ils s'élevèrent contre la torture du se-cret, contre l'iniquité des détentions prolongées. Ils oublièrent les divisions politiques pour invoquer les lois naturelles et les garanties sociales (25). On ne les vit point frapper les détenus d'anathême, devancer les rigueurs des tribunaux, solliciter la violation des formes, demander, comme des dogues altérés de sang, qu'on ne s'en tînt pas à un petit nombre d'hommes soupçonnés, qu'on atteignît, sans examen et sans preuve, tous ceux que la haine désignait comme chefs ou complices, ou seulement comme ayant favorisé la conspiration de leurs vœux secrets (26).

Ce qu'ils ne firent point alors, ce dont chacun d'eux eût rougi comme d'un crime, leurs adversaires le font aujourd'hui. Que la France compare et prononce.

Je reviens à mon sujet.

La cause de l'agitation dont le ministère aime à se plaindre est toute entière dans la conduite de ce ministère. S'il eût respecté les principes de la Charte, les sollicitations extravagantes d'une faction sans forces réelles n'auraient excité que le mépris. S'il eût permis à la vérité d'être connue, des bruits alarmans n'auraient point occupé, dans des esprits crédules, la place refusée à la vérité. S'il ne se fût pas emparé de la censure, une discussion libre eût rétabli le calme, en montrant l'absurdité des sophismes et l'impuissance des véritables factieux. Si, enfin, investi de la censure, il eût profité d'un premier tort, pour en tirer du moins un parti raisonnable ; si en imposant silence aux uns, il n'eût pas toléré, favorisé la licence des autres, on eût pu blâmer son despotisme, mais on eût placé dans son impartialité un dernier espoir. Il a suivi une marche contraire, une marche opposée en tout à ses véritables intérêts. Si la France est inquiète et agitée, c'est donc à lui seul qu'il doit s'en prendre.

Mais un parti, poursuivent les ministres, médite le renversement de la dynastie. Je ne prononce point sur ce fait, je pourrais le nier. Quelques hommes, préoccupés de regrets ou d'affections personnelles,

ne constituent point un parti; cependant je veux
que mes adversaires se louent de ma complaisance,
je ne disputerai point sur leurs paroles, mais je leur
dirai : Le parti que vous désignez, séparé de ceux
qui semblent se rallier à lui par d'autres motifs, est-
il en majorité dans la Nation ? Non, sans doute.
Ceux que vous nommez les libéraux, partagent-ils
ses désirs et ses vues ? Ils vous ont cent fois déclaré
le contraire, et leur intérêt garantit leur bonne foi.
Ces libéraux demandent des choses très simples; que
tout innocent puisse dormir en paix; que tout citoyen puisse manifester ses pensées, sauf à en répondre; que la plus intime des propriétés de l'homme,
sa croyance, ne soit pas menacée du retour d'une
intolérance plus ou moins adroitement déguisée; que
nul n'ait à redouter l'arbitraire dans les agens du
pouvoir, la partialité dans des juges qui ne seraient
pas ses juges naturels; les vexations, les inégalités,
l'insolence du privilége, dans la carrière où il doit
être permis à chacun de développer ses facultés, et
d'en conquérir la récompense. Ces demandes sont
justes; elles sont faciles à accorder. Accordées, elles
feraient disparaître tous les symptômes qui vous
alarment. Les avons-nous obtenues sous nos Gouvernemens antérieurs ? Non. Pourquoi donc aspire-
rions-nous à voir reparaître des gouvernemens qui
ne nous ont pas donné ce que nous désirions ? Avons-

nous été plus heureux, tandis que la révolution nous agitait de ses orages ? Non. Pourquoi donc méditerions-nous une révolution dont l'explosion serait terrible et le terme inconnu ? Toutes choses égales, les gouvernemens ne valent-ils pas mieux que les révolutions, et par cela même, toutes choses toujours égales, un gouvernement ancien ne vaut-il pas mieux qu'un gouvernement nouveau ? car il épargne les frais des révolutions, frais dont une nation ne fait l'avance qu'à contre cœur, et en désespoir de cause.

Que si les demandes que j'ai rapportées étaient refusées, le prétendu parti que vous redoutez ne serait point alors la cause du péril ; ce péril serait votre ouvrage, et le triomphe de ce parti, s'il avait lieu, n'en serait que l'effet. Si vous vous créez une foule d'ennemis, quelque divers et dissemblables que soient les sentimens secrets de ces ennemis, ils seront réunis en apparence, et se croiront réunis en réalité, par cela seul qu'un mécontentement commun les éloignera de vos bannières. Alors, peut-être les plus violens deviendront les chefs, en dépit des autres. Si ce que vous dites est vrai, ceux-là ont un but fixe, un intérêt positif. Ils seront en conséquence plus forts que ceux qui n'auront que des opinions et des principes. Ce sera un mal, un très grand mal ; mais la faute n'en sera qu'à vous, bien que l'inconvénient puisse en retomber sur tout le monde.

Des conspirations se trament, continuez-vous. Je n'ai point de données sur la réalité de celle que vous prétendez avoir découverte. S'il fallait énoncer mon opinion, je dirais que je suis tenté de croire qu'aucun parti ne conspire en France dans la signification rigoureuse de ce mot. Les conspirations sont difficiles, quand le secret est impossible. On murmure, on menace, on se soulève; mais presque toujours tout est public, imprévu, instantané. Rien ne se prépare de longue main. Les conspirations de toutes les couleurs dont on nous a fatigués depuis tant d'années, n'ont guère, je le pense, été que la suite de ce misérable système de bascule, qui tendait à fortifier un parti pour l'opposer à l'autre, et qui nécessitait ensuite contre le parti que l'on croyait avoir trop fortifié, quelqu'accusation qui pût l'affaiblir. D'ailleurs, je me souviens qu'on nous a présenté les accusés de l'épingle noire comme des conspirateurs, et il s'est trouvé qu'il y avait eu des agens provocateurs, et point de conspiration dans ce procès de l'épingle noire (27). Je me souviens encore qu'on a dénoncé en 1817 une grande conspiration à Lyon, qu'on a même fait plus que la dénoncer, que les larmes des familles ne sont point taries, et six mois après, les ministres d'alors, parmi lesquels était un ministre d'aujourd'hui, ont fait imprimer par des fonctionnaires qu'ils n'ont point désavoués, que la véritable conspiration était d'en avoir supposé une. J'attendrai donc ce que vous direz de la conspiration actuelle, dans un an d'ici.

Mais, s'il y a des conspirations, savez-vous d'où elles viennent? de ce que vos accusations perpétuelles donnent à la France malgré elle un sentiment douloureux d'instabilité. Vous dénoncez des factions cachées, puissantes, dangereuses; mais s'il y a une faction, vous l'encouragez, en lui persuadant qu'elle a des alliés. Des écrivains que votre censure approuve sollicitent des coups d'état. L'opinion traduit leurs phrases ampoulées, et sait fort bien ce qu'elles signifient. Des coups d'état sont des ressources illégales. Quand l'autorité en appelle à ces ressources, c'est que les appuis réguliers lui manquent. Elle n'est alors qu'une force, une autre force peut la briser; ainsi tout paraît incertain, ébranlé, précaire. Vous animez la malveillance, vous ralliez à elle la timidité. Ne sentirez-vous donc jamais l'avantage immense que vous donnerait une persistance courageuse dans le respect pour l'ordre légal? Vous laisseriez à vos ennemis l'odieux de la violation des formes tutélaires. En les imitant, vous perdez votre caractère distinctif et votre heureuse prééminence. Lorsque des factieux vous attaquent, leurs armes sont pareilles aux vôtres, leurs protestations sont identiques; eux et vous, parlez également d'intérêt général, de salut public, d'empire des circonstances. La foule des citoyens peut être partagée ; car elle ne sait auxquels entendre ; le langage est le même, et il lui semble qu'elle n'a que le choix entre deux factions.

L'anarchie vous menace, ajoutez-vous ; où sont donc les élémens de cette anarchie en France? Je les aperçois en Angleterre, où, par un mélange bizarre, la liberté politique se combine avec des lois commerciales qui entourent l'industrie d'entraves, et le pauvre d'humiliations. Oui, l'anarchie est possible en Angleterre, où l'état de prolétaire est invariablement celui de la majorité des citoyens, où la concentration des fortunes perpétue et irrite la misère, où la femme enceinte, l'orphelin, le vieillard, sont repoussés de paroisse en paroisse, de peur que les couches de la première, l'entretien du second, la sépulture du troisième, ne soient un accroissement aux charges municipales. Je concevrais l'anarchie à Naples qu'inondent les Lazaronis ; elle est possible en Allemagne, où des exemptions pécuniaires et des distinctions offensantes s'aggravent mutuellement. Elle est possible, en un mot, partout où subsiste le régime que veut ressusciter la faction encouragée par votre faiblesse. Mais, ici, où grâce aux lois que veut détruire cette faction, les propriétés divisées donnent aux trois quarts des Français un intérêt pressant au maintien de l'ordre; ici, où grâce à la destruction des prohibitions et des jurandes que cette faction veut rétablir, l'industrie est libre et féconde, l'anarchie ne saurait être dans les vœux de personne.

Notre organisation sociale, nos loix sur l'industrie et sur la propriété, à part de vos efforts pour les éluder et en paralyser les effets, sont tellemeut admirables, que tout le monde en France, y compris celui qui n'a rien, a plus à perdre qu'à gagner par le pillage. Car celui qui n'a rien est, s'il le veut, certain d'acquérir. Il n'en est pas ainsi dans d'autres contrées ; le pauvre y est éternellement pauvre, à moins du crime ou du hazard ; mais pour nous, la route est tracée, et conduit chacun, par une progression que la loi protége, à l'aisance par le travail.

Quand les ministres parlent d'anarchie, il y a non-seulement erreur ou mauvaise foi ; il y a fatuité. Vous seriez renversés demain, leur répondrai-je, que deux heures après votre chute, il n'y aurait pas trace d'anarchie, parce qu'il y a partout des propriétaires et que l'ordre répond toujours à l'appel que lui adresse la propriété.

Je ne dis point ceci pour rendre moins terrible la perspective d'un bouleversement. Tout bouleversement entraîne des maux plus ou moins longs, plus ou moins fâcheux, qu'il est désirable d'éviter. Je le dis, pour réduire les choses à leur juste valeur, parce que la vérité a plus de force que l'emphase, et que l'exagération , lorsqu'elle est évidente , nuit à sa cause et manque son but.

Si vous représentiez simplement que ce qui est vaut mieux que ce qui pourrait être , je vous appuierais avec zèle , surtout si vous aviez soin de considérer la liberté qu'on nous a promise comme une portion intégrante, indispensable de ce qui est. Mais quand vous parlez d'anarchie , quand vous prodiguez cette désignation injurieuse à toute réclamation contre le pouvoir injuste, à tout appel à des droits reconnus , à toute manifestation d'une pensée que l'autorité trouve importune , quand vous flétrissez comme anarchistes nos plus riches capitalistes , nos citoyens les plus amis de la paix , vos discours sont puériles , vos déclamations vides d'idées , votre rhétorique impuissante, et personne ne vous écoute, ou personne au moins ne vous croit.

Mais actuellement ce n'est plus l'anarchie , c'est le despotisme militaire que vous redoutez ; je ne suis pas plus disposé qu'un autre à le juger avec faveur. Mais si ce despotisme était à craindre , n'auriez-vous pas préparé les voies ? n'exaltez-vous pas sans cesse imprudemment les services que les soldats peuvent vous rendre ou vous ont rendus? ne les présentez-vous pas comme les appuis les plus surs du trône et les arbitres de nos destinées ? et si, par hazard, vous aviez, sans vous en douter, été plus loin encore ; si dans des troubles récens, des corps militaires s'étaient déclarés importunés de la manifestation d'une opinion étrangère à la leur, s'ils avaient d'abord insulté les citoyens qui manifestaient cette opinion, ensuite les Députés que ces citoyens entouraient de témoignages d'estime, si vous aviez vu d'un œil indifférent, indulgent peut-être, toutes ces choses si opposées à la discipline ; si dans une occasion un peu antérieure, et non moins remarquable, ces corps militaires avaient menacé de leur vengeance un ministre en fonctions ; si l'on avait pu attribuer à leurs menaces sa retraite subite, et si vous, ministres actuels, vous étiez assis froidement à cette place devenue ainsi vacante, n'auriez-vous pas été les premiers à suggérer à l'universalité des soldats, le dangereux sentiment de leur importance ? car le glaive ne reconnaît pas de privilége, et si l'obéissance passive a pu être impunément abjurée pour opérer un renversement, il est déplorable, mais il n'est pas étonnant qu'elle le soit pour en opérer d'autres.

D'ailleurs, cette obéissance passive que vous recommandez, n'est-elle pas la route la plus directe vers le despotisme militaire ? Ces prétoriens, sujet habituel de la superficielle et lourde érudition de vos journalistes (28), formaient-ils une armée intelligente, réfléchissante, citoyenne ou séditieuse ? non certes ; ces prétoriens étaient des instrumens aveugles, jusqu'à l'instant où ils se déclaraient rébelles, c'est-à-dire, où ils consacraient à un second chef, l'obéissance implicite qu'ils avaient long-temps professée pour le premier (29).

Le meilleur rempart contre le despotisme militaire, c'est le patriotisme. La meilleure garantie du patriotisme, c'est l'intelligence. Ne cherchez donc plus à faire de vos guerriers des machines étrangères au raisonnement. Placez votre force dans leur raison même, dans leur raison qui leur fera sentir la nécessité de la discipline, dans leur raison qui les attachera chaque jour davantage à une liberté qui protégera leurs frères, leurs femmes, leurs pères, et leurs enfans; dans leur raison, enfin, qui les préservera des suggestions des factieux, et les mettra en garde contre leurs chefs immédiats, s'ils sont perfides. Car, remarquez-le bien, dans la conspiration même que vous dénoncez, ce sont les chefs immédiats, les officiers subalternes qui ont conspiré, s'il faut vous en croire. Or, ces chefs immédiats, ces officiers subalternes étaient ceux précisément qui avaient un droit provisoire à l'obéissance passive. Aussi leur projet, tel que vous le racontez du moins, était de profiter de cette obéissance passive pour conduire leur troupe jusqu'au lieu du crime, sans lui confier ce qu'on attendait de sa subordination. C'eût été le chef-d'œuvre de cette obéissance passive que vous peignez comme la meilleure garantie de la stabilité des gouvernemens.

Enfin, que servent les paroles contre les lois éternelles et immuables de notre nature ? Cette nature ne s'abdique pas. Je l'écrivais il y a cinq ans : pourquoi suis-je forcé de le redire encore ! L'on ne fera jamais que l'homme puisse devenir totalement étranger à tout examen et se passer de l'intelligence que la Providence lui a donnée pour se conduire, et dont aucune profession ne peut le dispenser de faire usage.

De quelques moyens physiques que vous preniez soin de vous entourer, c'est toujours l'opinion qui crée, qui rassemble, retient autour de vous et dirige ces moyens. Ces soldats, qui nous paraissent et qui sont en effet, à tel moment donné, des agens passifs et irréfléchis, ces soldats sont des hommes; ils ont des facultés morales, de la sympathie, de la sensibilité, une conscience qui peut se réveiller tout-à-coup. L'opinion a sur eux le même empire que sur le reste de leurs semblables et nulle prescription n'atteint son empire. Voyez-la, traversant les troupes françaises en 1789, transformant en citoyens des hommes rassemblés de toutes les parties, non-seulement de la France, mais du monde; ranimant des esprits froissés par la discipline, énervés par la débauche, y faisant pénétrer, comme un

préjugé, les notions de la liberté, et brisant, par
ce préjugé nouveau, les liens qu'avaient tissus tant de
préjugés anciens et d'habitudes enracinées. Voyez,
plus tard, l'opinion variable et rapide, tantôt déta-
chant nos guerriers de leurs chefs, tantôt les rassem-
blant autour d'eux, les rendant tour à tour rebelles
ou dévoués, défians ou enthousiastes. Voyez en Angleterre, dans un autre sens, après la mort de Crom-
well, les républicains, concentrant toutes les forces
entre leurs mains, disposant des armées, des trésors,
des autorités civiles, du parlement, des tribunaux.
L'opinion muette était seule contre eux, elle voulait
se reposer dans la royauté. Soudain tous leurs
moyens sont dissous. Tout s'ébranle et s'écroule.

Sans doute le gouvernement militaire est un grand
fléau : mais quel est le moyen de n'avoir pas à le
craindre ? c'est de renforcer l'autorité civile. Or,
pour renforcer l'autorité civile, que faut-il ? l'ap-
puyer sur la justice, c'est-à-dire, sur la liberté. Si
vous l'appuyez sur la force, vous en revenez au gouvernement militaire : car la force et l'épée sont une
et même chose. On fait trembler les citoyens devant
soi ; l'on tremble à son tour devant les janissaires.

J'arrive au dernier grief des ministres, à ces associations invisibles, à ces comités directeurs, qui se
sont arrogé sur les élections un pouvoir si terrible.

Si ces associations existaient, la faute en serait à

l'autorité. De simples citoyens qui n'ont point, comme les ordres privilégiés d'autrefois, le prestige du rang, ou l'appui d'une caste, ou le monopole de la fortune, n'exerceraient point sur la masse d'une nation le pouvoir qu'on leur attribue, si cette nation ne reconnaissait que leurs intérêts sont d'accord avec les siens. Pourquoi ces deux intérêts sont-ils d'accord? c'est que l'autorité s'est créé des intérêts factices, en opposition avec ceux du peuple. L'autorité veut des députés pour consentir à toutes ses demandes. Est-il étonnant que les citoyens n'adoptent pas les candidats offerts par l'autorité? Elle réclame de ses fonctionnaires une abnégation complète de principes, d'opinions et de conscience. N'est-il pas naturel que les électeurs écoutent ceux qui leur conseillent de ne choisir aucun fonctionnaire? De quel front les préfets recommanderont-ils désormais des choix de ce genre, après les destitutions de MM. Camille-Jordan et Royer-Collard, de MM. Girardin et Saint-Aignan? Qu'est-il besoin de comités directeurs, d'associations secrètes pour inculquer des idées si simples? les actes du ministère suffisent. Ce ministère plaide éloquemment contre lui-même; mais puisqu'il s'agit d'associations et de comités, j'adresserai une question aux ministres. L'un d'eux nous a parlé des frères de Manchester. Il est vrai que tous les auditeurs ont souri; les autres remplissent les feuilles qu'ils protègent, de dénonciations contre un centre libéral, allié des radicaux, des teutoniens, des carbonaris, qui réunit toutes ces branches d'un même système et qui est prêt à envahir l'Europe. N'y aurait-il pas au contraire un comité directeur permanent et actif dans un autre sens? les associations dont les ministres font si grand bruit supposent un travail, un concert, un secret, qui entourent leur création et leur existence de beaucoup d'obstacles, et c'est au moins une difficulté préalable à vaincre pour la foule non privilégiée. Mais les institutions féodales ne nous ont-elles pas légué une association qui réunit tous ces caractères? une association qui a un intérêt à part de ceux du reste de la race humaine, dont les couleurs, les mots de ralliement, les rassemblemens sont autorisés ; qui se répond d'un bout de l'Europe à l'autre, dont les membres sont dans chaque pays bien plus les compatriotes de leur caste que ceux de leurs concitoyens, dont le comité directeur a son siége autour des trônes, dans les fonctions éminentes, dans les cabinets ministériels? Là se trouve précisément tout ce qu'on invente pour accuser de conspirations chimériques des individus ou des classes isolées par leurs positions, variables par leur nature, ne formant point un corps, puisque l'entrée est ouverte à tous, n'ayant en conséquence point d'intérêts exclusifs, point de réunions naturelles, point de centre et de moyens d'action toujours existans, sans qu'il soit besoin de les créer ou d'en convenir. Si je voulais chercher des conspirations, je les chercherais bien plutôt, je l'avoue, dans les comités directeurs de l'aristocratie, et je trouverais de nombreux symptômes d'une conspiration non interrompue contre le régime constitutionnel, dans ces intelligences habituelles avec l'étranger, dans ces dénonciations qu'on lui adresse, dans ces déclamations concertées avec lui contre les institutions françaises, dans ces notes secrètes, tendant à lui analyser nos divisions et à lui soumettre nos affaires ; les clameurs répétées contre toutes nos lois d'élection successivement me paraîtraient l'une des branches de cette conspiration ; l'assassinat des députés défenseurs de la Charte l'un de ses moyens ; et le projet fastueusement annoncé d'un congrès européen qui imposerait à tous les peuples la conservation de l'oligarchie, en serait à mes yeux le complément et le terme.

Pour en revenir aux élections et aux comités qui, dit-on, les dirigent, c'est, je le répète, le ministère qui prête à ces comités toute leur force. Sur ce point comme sur tant d'autres, il suit la route directement opposée au but qu'il veut atteindre. Quand le hasard lui fournit des moyens d'influence, il les repousse à plaisir. Je pourrais citer pour exemple plusieurs départemens dont les préfets, hommes d'esprit, modérés, habiles, et passablement ministériels, s'étaient concilié la confiance de leurs administrés. Ces préfets auraient probablement agi sur les élections. Qu'a fait le ministère? il s'est empressé de les déplacer, pour leur substituer des inconnus qui peuvent être parfaitement estimables, mais qui se trouveront évidemment sans racines, sans relations, sans moyens aux élections prochaines, par lesquelles ils seront surpris presqu'à leur arrivée. C'est que le ministère ne se conduit point d'après ses intérêts : il est maîtrisé par une faction dont il faut assouvir tour-à-tour l'ambition et la haine. Ainsi tous les dangers dont il s'épouvante sont le résultat de ses propres erreurs. Persistera-t-il dans une route qui lui a déjà été si funeste? S'obstinera-t-il à chercher dans une complaisance inutile envers une faction insatiable , dans des vexations toujours croissantes et toujours inefficaces, dans ces lois d'exception qui blessent la nation aujourd'hui sans l'effrayer, son salut et le nôtre? Mais nos ministres jouissent depuis six mois des lois d'exception, et, d'après leurs aveux et d'après leurs plaintes, il ne paraît pas que ces lois aient rendu le calme à la France. Il dépend d'eux à la vérité d'arrêter tout le monde; mais ils ont cette faculté depuis six mois, et depuis six mois, s'il faut les en croire, tout le monde conspire. Ils imposent silence aux journaux; mais les bruits les plus effrayans et les moins fondés circulent. La France craint tout, parce qu'on ne lui dit rien, et pour prix de n'avoir rien laissé dire, on est obligé de réfuter ce qui n'a pas été dit (30). Les ministres voudront-ils enfin recourir à ces grandes mesures, à ces moyens extrêmes auxquels durant une discussion célèbre, un orateur moins habile qu'il ne l'estd'ordinaire a fait une imprudente allusion et dont les journaux que le ministère ne croit pas devoir réprimer ou démentir reproduisent l'absurde menace ?

Je ne recherche point quelles seraient ces grandes mesures : l'incarcération ou la mort de quelques individus, leur déportation ou leur surveillance, l'anéantissement ou la suspension du pacte fondamental, une attaque contre les hommes ou contre les choses, peu nous importe ; mais ce qui nous importe, c'est que tout cela est impossible, c'est que tout cela serait inefficace, c'est que tout cela serait désastreux pour les auteurs mêmes de ces criminelles tentatives.

J'ai décrit la disposition morale de la nation que vous gouvernez : j'ai décrit cette disposition d'après ce que vous-mêmes en dites. Croyez-vous qu'un acte de vigueur comme l'appellent ceux qui vous poussent, changerait sondain cette disposition ? vous vous trompez ; des réminiscences révolutionnaires vous égarent.

Quand il s'agissait d'entraîner un peuple qui n'avait pas encore reçu la sévère éducation du malheur, un peuple enivré d'une victoire récente sur le despotisme, et inquiet de la durée de cette victoire, un peuple qui, conduit à la liberté par la révolution, ne distinguait pas suffisamment dans son ignorance la révolution d'avec la liberté ; de fougueux démagogues pouvaient se prévaloir de son peu de lumières et lui arracher, en faveur de la violation des lois, un aveugle assentiment ; mais aujourd'hui tous les Français connaissent les conséquences de ces ressources criminelles qui, constituant les pouvoirs légaux en révolte contre la loi même, empêchent tout retour à la justice et à la légalité. Les citoyens savent qu'ils sont solidaires l'un de l'autre. Ils voient la sûreté de chacun dans la sûreté de tous ; il savent qu'on ne sort pas pour un jour, pour une heure, comme on s'en flatte, de l'ordre établi, consacré, sanctionné par les sermens. Quand on en sort, l'on n'y rentre jamais. L'assemblée législative n'y est pas rentrée après le 10 août, ni la convention après le 31 mai, ni les conseils de la république après fructidor. Ils ont eu beau proclamer qu'eux et la patrie était sauvés, ils ont péri, et la patrie aurait péri avec eux, si les nations étaient périssables comme les pouvoirs.

En effet, que reste-il à un peuple, après que sa constitution a été violée ? Où est la sécurité ? où est la confiance? où est l'ancre de salut? On ne trouve dans les gouvernans que le sentiment de l'usurpation, sentiment qui, les poursuivant comme le remords, les épouvante et les égare. Sur la tête des gouvernés plane l'arbitraire. L'autorité veut-elle prononcer des paroles rassurantes, protester de son respect à venir pour une constitution qu'elle a déchirée, promettre qu'elle n'y attentera plus? Où est la garantie que ce nouvel hommage n'est pas une dérision nouvelle? Le peuple ose-t-il, dans un intérêt même partiel, sans rapport avec les grandes questions politiques, invoquer cette constitution qu'on a foulée aux pieds? le nom seul de constitution semble une hostilité. Des deux parts, l'habitude des moyens illégaux est contractée. Elle forme l'arrière-pensée du gouvernement; elle nourrit l'espoir des factieux. Ils contemplent avec une joie perfide l'autorité prise dans ses propres filets, marchant de secousse en secousse, de violence en violence, révoltant la justice, préparant au désespoir des excuses, et destinée à subir le sort de ceux que l'iniquité dirige et que la haine entoure.

Telle ne sera certainement pas la destinée à laquelle un monarque éclairé voudra condamner la France. Les ministres n'oseraient le lui conseiller; et s'ils l'osaient, ils ne trouveraient ni dans le prince un approbateur, ni dans les grands corps de l'état des instrumens.

Et qui donc prendrait ces grandes mesures, et sur quelle force s'appuierait-on pour les prendre? Sur des ordonnances? N'avons-nous pas la mémoire des ordonnances de 1815? L'opinion a-t-elle cessé un seul instant, durant trois années, d'en réclamer la révocation? L'autorité n'a-t-elle pas fini par lui rendre hommage? les ordonnances de 1815 ont fait beaucoup de mal. Elles auraient fait plus de mal encore, si leurs signataires n'eussent été de vieux instrumens de démagogie et de servitude, de sorte que la monarchie constitutionnelle a pu les désavouer. A l'époque actuelle, le mal qu'entraîneraient de pareilles ordonnances serait sans remède?

Invoquerait-on l'appui de la Chambre des Pairs? Je conçois dans une faction que rien ne ramène et que rien n'éclaire, ce penchant à parodier les actes d'une tyrannie dont elle détestait le chef et approuvait le système; mais si cette faction a ses réminiscences, la nation aussi a ses souvenirs. Elle sait que le premier sénatus-consulte fut un ordre de déportation contre cent-trente citoyens, et elle n'a pas oublié ce que lui coûtèrent plus tard les sénatus-consultes.

Toute autorité qui excède sa mission cesse d'être légitime, et ce principe fondamental du droit naturel, politique et civil, est corroboré par la Charte. La Charte prévoit le cas où les assemblées de la Chambre des Pairs seraient illicites. Le seul défaut de convocation royale les rend telles, et ce que ferait la Chambre des Pairs foulant aux pieds les lois et la Charte, la Chambre des Pairs proscrivant des individus qui ont les mêmes garanties, qui sont protégés par les mêmes sauve-gardes que le premier Pair de France, la Chambre des Pairs, supprimant ou suspendant des corps politiques, qui émanent de la même source qu'elle, qui existent au même titre, ce que ferait la Chambre des Pairs se constituant l'émule et la légataire de la convention ou du sénat impérial, aurait une autorité, une validité quelconque! Non, tout serait nul, de toute nullité.

J'aime à rendre à une illustre assemblée un public témoignage. De telles pensées n'entreront jamais dans l'esprit d'aucun des membres de cette Pairie qui a besoin de s'identifier avec nos institutions et de se nationaliser en France.

La Chambre des Pairs connaît et la nature de ses attributions et les limites de sa compétence. Elle participe à la confection des lois et au vote des impôts; mais elle ne fait qu'y participer. Si elle agissait seule, elle deviendrait usurpatrice. Il y aurait usurpation, si elle votait des lois sans le concours de l'autre Chambre, et nul ne serait tenu d'obéir à ces lois. Il y aurait usurpation, si elle votait des impôts sans la discussion préalable et l'assentiment des Députés, et nul ne serait tenu de payer ces impôts. A plus forte raison, y aurait-il usurpation flagrante, si elle attentait aux droits des citoyens ou à l'existence des autres pouvoirs. Ses décrets, ses ordonnances, ses arrêtés, ses sénatus-consultes, comme elle voudrait les nommer, fussent-ils signés de l'unanimité de ses membres, seraient aussi peu obligatoires que la volonté des trois premiers individus qu'on prendrait au hasard.

J'ai examiné plusieurs raisonnemens, j'ai parcouru plusieurs hypothèses. Le résultat des considérations que j'ai rassemblées à la hâte dans ce petit nombre de pages me paraît facile à saisir.

Le ministère en persévérant dans le système qu'il suit depuis six mois, ne peut, ni se conserver ni sauver la France. Il s'appuie sur une faction qui a vingt fois compromis le trône et le compromettra toujours. Il emploie des moyens que tous les gouvernemens antérieurs ont essayés et qui ont amené la chute de tous ces gouvernemens. Il ébranle ce que le temps commençait à consolider.

Mais dans l'état actuel de la civilisation, les peuples, quoi qu'en disent d'une part les adulateurs, de l'autre les ennemis, n'ont ni affection ni rancune. Les ressources que les individus trouvent en eux-mêmes, la distance que l'étendue des empires établit nécessairement entre les gouvernans et les gouvernés, les jouissances que procurent à ceux-ci l'industrie, le commerce, les spéculations privées, la vie domestique, font que chacun met sa destinée, en très grande partie, à part de l'autorité.

Il s'ensuit qu'il n'y a et ne peut y avoir que du calcul dans l'attachement des peuples à une forme quelconque d'organisation politique. Cette disposition morale de l'espèce humaine rend impossible de gouverner long-temps, en gouvernant mal. L'exemple de Bonaparte n'infirme nullement cette assertion ; que n'a-t-il pas dû faire pour gouverner mal pendant 14 ans ! la conquête du monde n'est pas une distraction qu'il soit à la portée de chacun de donner aux peuples. Je voudrais que cette vérité se fît jour dans les petits esprits de ces petits élèves de Napoléon, qui croient avoir grandi dans son atmosphère, parce qu'ils ont respiré l'air de ses antichambres, et qui répètent d'après lui, avec un burlesque machiavélisme, que le pouvoir répond à tout, comme si, instrumens passifs du pouvoir, ils avaient par cela seul appris à le manier ; mais cette disposition de l'espèce humaine qui rend impossible de gouverner long-temps, en gouvernant mal, donne au pouvoir la certitude de gouverner en sûreté, quand il gouverne bien. Car le même calcul d'après lequel aucune nation ne se dévoue pour soutenir un gouvernement qui s'est mis dans une position fausse, fait qu'aucune nation ne veut s'exposer pour renverser un gouverment, quand il est tolérable. La masse est toujours de préférence pour la stabilité. Si elle s'en détachait, ce ne serait point par la suggestion des séditieux, mais parce que le Gouvernement serait venu la froisser gratuitement dans ses intérêts, sa sécurité et ses habitudes.

Il suit encore, de cette disposition morale des nations modernes, que lorsque des hommes puissans abjurent leurs fautes, l'on oublie ces fautes. Il n'y a que le sentiment qui ait de la mémoire. Les indifférens sont toujours à même de faire table rase, de commencer sur de nouveaux frais. Seulement il faut que l'on puisse croire à la bonne foi de la conversion : et pour qu'on y croie, il faut qu'elle existe.

La dissolution de la Chambre actuelle, la convocation d'une assemblée composée d'élémens nouveaux, est donc une chance merveilleuse; mais on gâterait cette chance en faussant les élections par une influence illégale. Quand le ministère obtiendrait une majorité factice, il n'en serait pas plus fort; et cette majorité factice aurait pour lui ce danger, que si dans la suite il s'éclairait, elle l'empêcherait de se conduire d'après les lumières qu'il aurait acquises.

Qu'on dissolve donc la Chambre des Députés; que la nation nomme des représentans fidèles, et que cette nation soit gouvernée, enfin, par ces ministres ou par d'autres, comme elle désire et mérite de l'être.

La chute du ministère m'est indifférente, ainsi que sa durée. J'ai retracé, sans circonlocutions et sans détours, les torts de celui de ses membres qui m'a paru avoir eu les torts les plus graves : mais la haine en politique m'est étrangère comme l'affection. Les personnes me sont égales, et le passé ne me paraît important que parce qu'il sert de point de départ (31).

NOTES.

(1) Lorsqu'une loi existe, l'obéissance à cette loi devient un devoir, et je serai toujours le premier à exhorter les citoyens à l'obéissance ; mais il est permis, tout en obéissant, de dire ce qu'est une loi, et ceux-là surtout, n'ont pas le droit de nous imposer silence, qui, tandis que l'ancienne loi des élections était en vigueur, lui ont prodigué le mépris, le blâme et l'invective. Je ne crains donc point de franchir les bornes de la liberté légale, en disant que toute loi d'exception dirigée contre la liberté légale des individus, est l'opposé de tous les principes que la Charte a garantis, de tous les principes que les peuples libres ont toujours honorés, de tous les principes que la France invoquait avant la révolution de 1789, et dont l'oubli a causé cette révolution. Lorsque le parlement de Paris dans un arrêt du 3 mai 1788, déclarait, article 7, « que le droit de chaque citoyen, *droit sans lequel tous les autres sont inutiles*, était de n'être arrêté » par quelque ordre que ce fût, que pour être remis sans » délai entre les mains des juges compétens » : certes, la nation qui applaudissait à cette déclaration de ses magistrats, ne s'attendait pas qu'en 1820 tout citoyen pourrait être arrêté par l'ordre de trois ministres, pour n'être remis à aucun juge.

(2) J'ai fait connaître au public, par la publication de

pièces authentiques, à quel degré toutes les formes avaient été violées dans les visites domiciliaires et les enlèvemens de papiers, opérés par l'ordre de M. Mounier chez des citoyens du département de la Sarthe. M. le directeur général de la police a essayé de répondre aux faits que j'avais allégués. On jugera jusqu'à quel point il a réussi.

Il a fait dire dans le Moniteur que l'agent qu'il avait envoyé, n'était porteur d'aucun ordre de lui. Il est prouvé que le seul titre de cet agent était un ordre signé Mounier.

Il a fait dire que cet agent n'avait de mission que celle d'assister le magistrat compétent auquel appartient, d'après les articles 87 et 90 du Code d'instruction criminelle, la lecture des pièces. Il est prouvé que cet agent a parcouru lui-même ces pièces, qu'il les a lues, sans que le magistrat présent y prît part, et qu'il les a paraphées. Il n'y a pas un de ces actes qui ne soit une usurpation de pouvoir.

M. Mounier a fait dire dans le Moniteur que les instructions de la police n'avaient eu pour objet que de seconder l'action de la justice. Il est prouvé que la police s'est mise à la place de la justice, que la justice a été simple spectatrice, que tout a été commencé, exécuté, conclu par la police, au mépris de la loi.

M. Mounier a fait dire dans le Moniteur qu'il n'y avait point eu de lettres décachetées ni interceptées, qu'on n'avait saisi que des lettres ouvertes; il est prouvé que des lettres cachetées ont été remises par les employés de la poste aux magistrats que l'agent de M. Mounier menait à sa suite.

Il a fait dire dans le même Moniteur, que tous les papiers étaient dans les mains de la justice. Il est prouvé qu'il a voulu qu'ils fussent dans les mains de son agent. Il est prouvé que ce n'est pas sa faute si cette nouvelle illégalité n'a pas été commise, car il l'avait ordonnée. Il est prouvé enfin que l'envoi même de ces papiers au ministre de la justice, n'était qu'une irrégularité de plus; ce ministre n'a le droit de se constituer le dépositaire d'aucun papier pouvant donner lieu à des instructions criminelles. Cela résulte de l'article 3 de la loi du 10 vendémiaire an 4 et de l'article 81 du sénatus-consulte du 16 thermidor an 10.

Il ne faut pas croire que les illégalités commises ou commandées par M. Mounier se bornent à la Sarthe, qui a des députés qui peut-être lui déplaisent, et dont les papiers lui semblaient bons à prendre. M. le directeur général de la police n'a pas traité avec plus d'égards des départemens qui n'avaient pas les mêmes titres à sa défaveur.

Les journaux ont rapporté dans le temps que, vers la fin du mois de juin dernier, l'autorité avait cru découvrir chez M. Tirel, manufacturier à Vire, un dépôt d'uniformes qui pouvaient servir à déguiser des malveillans engagés dans quelque conspiration, et que, vérification faite, il s'était trouvé que ces uniformes étaient les vêtemens des ouvriers travaillant dans la manufacture de M. Tirel, vêtemens dont plusieurs étaient convenables à la taille d'enfans de huit à neuf ans. Mais, en relatant le fait chacun à sa manière, les journaux ont passé sous silence beaucoup d'autres choses.

Lors de la visite faite le 21 juin chez M. Tirel, alors

à Paris, les magistrats, qu'accompagnaient plusieurs agens de police armés de bâtons, refusèrent de lui exhiber aucun ordre écrit, constatant soit leur mission, soit leur qualité.

Pour se faire conduire à l'appartement de M. Tirel, cette troupe y traîna une femme (la portière) à demi-nue, et l'un des agens répondit aux réclamations que la décence arrachait à cette femme, malgré sa frayeur, *nous savons tous ce que c'est qu'une femme.*

Cette visite s'étendit jusqu'aux autres locataires de la même maison, dont les uns, attirés par le bruit vers l'appartement de M. Tirel, furent fouillés par les agens de police; dont les autres virent leurs portes enfoncées sans sommations ni formalités judiciaires; dont plusieurs enfin furent retenus captifs, et empêchés de sortir pour leurs affaires pendant un temps plus ou moins long.

Ce ne furent ni le juge d'instruction, ni le procureur du Roi qui se chargèrent exclusivement, comme ils l'au-raient dû, d'après l'article 87 du Code d'instruction, de l'examen des papiers du négociant dont ils bouleversaient le domicile. Les papiers, jetés en désordre, arrachés avec violence, distribués au hasard à quiconque jugeait convenable de s'en emparer, furent livrés à l'inspection illégale de tous les agens de la police indistinctement.

Ainsi que le sieur Pascal, au Mans, ces agens ré-duisirent les magistrats au rôle de spectateurs purement passifs. En présence du juge d'instruction, et du procureur du Roi, ce fut un commissaire de police, qui fut l'inves-tigateur le plus ardent et le questionneur le plus minutieux. Armé des découvertes qu'il croyait résulter de pièces qu'il n'aurait pas dû parcourir, il adressait à M. Tirel des questions qu'il n'aurait pas dû lui faire devant des juges qui auraient dû l'interrompre. Découvrant, par exemple, que ce négociant avait effectué jadis des versemens chez M. Lafitte, c'est ce commissaire qui s'ingère à demander les raisons de ces versemens.

C'est ce même commissaire qui parcourt les lettres trouvées dans l'appartement d'une voisine de M. Tirel, dont la porte avait été enfoncée.

C'est encore lui qui, lorsqu'un ami de M. Tirel se présente chez lui pour apprendre la cause des procédés étranges dont il est l'objet, fait subir à ce noüveau venu un nouvel interrogatoire.

Un autre commissaire de police se rend chez un négociant, dépositaire des draps de M. Tirel, et muni d'un ordre du juge d'instruction, procède à l'audition d'un homme qu'il n'avait aucun titre pour interroger; car l'ordre même était illégal, le juge d'instruction n'a pas le droit de déléguer ses pouvoirs.

Ce qui se fait à Paris se fait de même à Vire, avec cette différence, toutefois, qu'on a bien voulu donner lecture à M. Tirel père d'un réquisitoire de M. Bellart, autorisant la perquisition, lecture et saisie de ses livres de commerce, correspondances, papiers de famille, et titres de propriété. Je ne citerai pas tous les détails; ce n'est point un mémoire pour M. Tirel que je rédige. Il me suffit de prouver que, dans le département de la Seine comme dans celui du Calvados, et dans le Calvados comme dans la Sarthe, c'est toujours la police qui agit.

pour se retrancher ensuite derrière la justice, qui aurait dû seule agir; car M. Mounier répond à M. Tirel, ainsi qu'à M. Goyet, que cette affaire concerne le procureur du Roi, et lui refuse, en conséquence, tout éclaircissement et toute satisfaction.

Une circonstance digne de remarque, c'est que plusieurs journaux, dont on devine les opinions, ayant profité des recherches dirigées contre M. Tirel, pour affirmer qu'on avait découvert en effet chez lui des uniformes de sapeurs, et pour laisser croire à la gravité de cette affaire, un journal libéral crut pouvoir prendre la défense de ce négociant, justement considéré, sans rien prononcer d'ailleurs sur l'inculpation dont il était l'objet. « Tout » ce que nous pouvons dire dans ce moment, » telle était l'observation modeste et réservée du journaliste, « c'est que le manufacturier, sur lequel on fait peser » des soupçons, est un homme généralement estimé à » Vire, où il a occupé plusieurs fonctions honorables; » que ses grandes entreprises ont fait pendant long-temps » le bonheur du pays, et qu'aujourd'hui même il occupe » encore quatre à cinq cents ouvriers qui l'aiment et le » révèrent comme un père. » Ce passage, assurément, ne contenait rien de séditieux : il ne préjugeait rien. La censure l'a rayé. Elle avait permis des insinuations qui pouvaient faire à un commerçant un tort irréparable : elle a repoussé quelques lignes d'éloges qui ne portaient que sur des faits passés, et qui étaient destinés à rendre moins nuisibles ces perfides insinuations.

(3) Le Journal de Paris, qui, comme on sait, est le journal ministériel en sous ordre, dit expressément : *La*

dictature est toujours née de la licence. Heureusement pour les factions que cette dictature est douce et débon-naire. (Numéro du 5 septembre 1820.) Je n'examine ici ni sa débonnaireté, ni sa douceur ; je prends acte du fait. Le ministère exerce la dictature, et c'est sous le poids d'une dictature que la nation est appelée à exercer le premier de ses droits.

(4) Altérer des pièces authentiques paraît une irrégularité bien grave : aussi je me crois obligé de la prouver. Voici le fait tel qu'il s'est passé il y a peu de temps. Le Moniteur, en réponse à une lettre que j'avais signée avec un de mes collègue, affirme que j'ai refusé de donner à la justice des renseignemens qu'elle demandait. J'envoie à un journal, non pas un article fait à l'instant même, mais une lettre adressée par moi précédemment au juge d'instruction ; pièce authentique par conséquent, pièce devant figurer dans une procédure si une procédure s'instruit. Dans cette lettre se trouve cette phrase : *Il y a d'autres faits sur lesquels je m'attendais à ce qu'on me demanderait des éclaircissemens ; par exemple, la lettre signée, contenant la preuve des excès qui ont eu lieu dans la rue Neuve-Saint-Denis. Le silence gardé par vous, monsieur, sur ce point important,* etc., etc. Cette phrase démontrait évidemment que loin de refuser des renseignemens, j'en avais offert, et que le refus dont le Moniteur voulait se prévaloir, ne portait point sur des renseignemens, mais sur le nom d'un citoyen qu'on aurait puni peut-être parce qu'il avait parlé d'un rapport, dont peut-être aussi l'on ne voulait pas qu'il fût question. Qu'a fait la censure? elle a retranché cette phrase : elle a donc

altéré, non pas un article ou une lettre à un journaliste, mais une pièce authentique. La censure a fait plus; elle a permis à d'autres journaux de tirer parti de cette mutilation d'une pièce légale ; elle a souffert qu'un d'eux parlât de *la fameuse lettre par laquelle M. B. Constant, pour prouver qu'il n'avait pas refusé des renseignemens à la justice, déclarait qu'il ne lui en fournirait que lorsqu'elle n'en aurait plus besoin.* Altérer des pièces et tirer parti de ces altérations, constituent, ce me semble, la première et la dernière moitié d'une chose désignée très clairement dans le Code Pénal.

(5) Le lecteur n'a pas oublié sans doute l'ordre intimé par la censure à tous les journaux, de raconter la mort du jeune Lallemand, d'après la Quotidienne, parce que la censure jugeait convenable de trouver ce récit plus probable que les autres; et ce récit était une calomnie contre un mort. Cette circulaire de la censure porte un caractère de naïveté qui est précieux et qu'on a le regret de ne plus trouver dans ses actes postérieurs. Maintenant elle ordonne beaucoup, mais elle écrit peu, et interdit soigneusement la publication de ce qu'elle écrit, avertie qu'elle est, par de tristes expériences, que dans certaines professions on n'a de pire dénonciateur que soi-même.

(6) L'un des artifices de la censure et des journaux qui la récompensent par des éloges des injures qu'elle leur permet de dire à d'autres, c'est d'affirmer, avec une hardiesse incroyable, que les réponses sont admises, pourvu qu'elles ne contiennent rien de contraire à *la religion, la morale, la monarchie, et la Charte* (paroles de M. Siméon, dans son discours d'introduction à la loi de cen-

sure). Le *Journal de Paris* se moque , par exemple , *des lamentations sur ce pauvre M. Kératry qu'on livre sans défense à des ennemis armés jusqu'aux dents* (numéro du 6 septembre 1820).Qui ne croirait, d'après cela, que ces lamentations ne sont rien moins que fondées ? Voici pourtant les faits. M. Kératry a été attaqué deux fois dans ce même *Journal de Paris* , de la manière la plus injuste et la plus perfide (numéros du 31 août et 3 septembre). Ses récits ont été contestés, ses phrases dénaturées. J'ai voulu défendre M. Kératry, non dans sa personne ou ses intentions (il n'en a nul besoin), mais dans ses assertions et dans ses raisonnemens que je voulais rétablir et développer. J'ai envoyé l'article suivant à un journal (*le Courier*); j'ai en main la prohibition de la censure.

« Le *Journal de Paris* , dans un long article contre
» M. Kératry, raisonne d'une manière qui indique un
» homme bien sûr qu'on ne pourra pas lui répondre, ou
» que si on lui répond, ce sera sous de telles conditions ,
» avec de telles entraves, qu'il y aura certitude de vic-
» toire entre lui et un adversaire garotté. Aussi nous bor-
» nerons-nous à copier ses phrases , en lui adressant tout
» au plus quelques humbles questions. *Quand on met la*
» *sérénade et le charivari au nombre des accompagnemens*
» *du gouvernement représentatif , a-t-on bonne grâce à se*
» *plaindre, pour son compte, des huées de quelques jeunes*
» *gens et des incivilités d'un concierge ?* Un député ma-
» lade et hors d'état de marcher, entouré et retenu sous
» des bâtons levés sur sa tête, un autre saisi au collet et
» renversé, un troisième poursuivi dans sa voiture , sont-
» ce là des *huées* et des *incivilités ?* Quand on n'a voulu

» attacher aucune importance à des faits pareils , a-t-on
» bonne grâce à se plaindre d'un charivari et d'une séré-
» nade? *Des esprits mal faits trouvent les triomphes des*
» *députés du côté gauche un peu grotesque, et poussent*
» *l'audace jusqu'à dire que le monde marcherait tout aussi*
» *bien, si M. Guilhem avait eu quelques plats de moins,*
» *et MM. Bellart et Bourdeau, quelques nuits paisibles*
» *de plus.*

» Nous désapprouverions fort tout ce qui aurait pu
» troubler les nuits de MM. Bellart et Bourdeau, et nous
» n'attendrons, pour exprimer notre blâme, que la preuve
» que les faits ne sont pas controuvés ou fort exagérés,
» preuve qui ne résulte pas des mesures prises (car des
» destitutions et des désarmemens ne sont pas des preu-
» ves); mais qui pourra résulter de l'instruction qu'on
» a annoncée. Mais, qu'y a-t-il de commun entre des
» excès contre MM. Bellart et Bourdeau, et des té-
» moignages de satisfaction donnés à M. Guilhem? Qu'y
» a-t-il de grotesque dans ces témoignages de satisfac-
» tion? Quand on a dit que des habitans de Dieppe
» avaient donné un dîner à M. le vicomte de Château-
» briand, le *Journal de Paris* n'y a rien vu de gro-
» tesque; le monde n'irait pas plus mal si M. Guilhem
» avait eu quelques plats de moins, mais il irait beau-
» coup plus mal si les citoyens n'avaient pas le droit
» de donner à dîner à qui ils veulent , sans être
» soupçonnés ou désarmés, ni même, bien que ce soit
» un moindre inconvénient, insultés par le *Journal de*
» *Paris* et par la *Gazette de France,* sans pouvoir, grâces
» à la censure, répliquer un mot.

» *Le gouvernement est-il tenu de se livrer à qui le*
» *contrarie, et n'est-ce pas se moquer que de transfor-*
» *mer en une nécessité constitutionnelle la plus bizarre*
» *anarchie qui fut jamais?* Ceci est dit à propos de
» la destitution de MM. Royer-Collard et Camille-Jor-
» dan. Nous demandons à notre tour si le peuple peut
» être tenu de choisir pour défenseurs des hommes obligés
» à ne jamais contrarier le gouvernement? L'axiome du
» *Journal de Paris* est la plus éloquente de toutes les
» exhortations, à tous les électeurs, de ne jamais donner
» leurs suffrages à des hommes revêtus de fonctions amo-
» vibles, quelles qu'elles soient. *Ne disons pas que la*
» *censure s'est opposée à la réfutation du livre de*
» *M. Clausel, quand, de notoriété publique, ce livre*
» *a été réfuté par* le Moniteur *autant qu'il devait l'être.*
» C'est-à-dire que le Gouvernement s'arroge le droit
» exclusif de réfuter ce que bon lui semble, et d'in-
» terdire la concurrence. C'est précisément ce qu'on
» nomme l'esclavage de la presse. En disant que la
» presse est esclave, on n'a jamais prétendu que ses maîtres
» ne pussent en faire usage, mais seulement qu'ils en
» réservaient l'usage pour eux. *Faut-il absolument que*
» *le Gouvernement soit le reflet de toutes les erreurs*
» *sinistres, l'écho de tous les bruits absurdes, etc.?*
» Le Gouvernement? non sans doute ; mais, entre le
» Gouvernement et les citoyens qui écrivent, qu'y a-t-il
» de commun? C'est aux tribunaux que les citoyens doi-
» vent répondre de ce qu'ils écrivent. Le Gouvernement
» n'a rien à y voir.

» *Qui ne préférerait le despotisme à ce désordre per-*

» *pétuel?* Nous; car l'Angleterre a été cent-vingt ans
» dans ce désordre perpétuel, et nous aurions mieux
» aimé vivre à Londres qu'à Constantinople. *Le légis-*
» *lateur a soumis aux tribunaux le paradoxe altier et*
» *le sophisme nébuleux. Une justice plus prompte ar-*
» *rête les messagers d'erreurs !* Les faits sont-ils des mes-
» sagers d'erreurs? Quand la censure arrête ces faits
» est - ce de *la justice? Les tribunaux et la censure*
» *s'arrêtent devant la tribune, où commence l'opinion*
» *légale.* Ce n'est donc que la liberté de la tribune que
» la Charte a garantie? Il faut alors refaire l'article 8
» de la Charte, et dire : « Tout Français à le droit de
» manifester à la *tribune* son opinion *légale.* » On saura
» du moins où l'on en est. *Ces institutions* (les tribu-
» naux et la censure), *loin d'opprimer l'opinion, la*
» *secondent, puisqu'elles la préservent d'un mélange im-*
» *pur. Ce ne sont pas des corrupteurs et des tyrans,*
» *mais des épurateurs et des gardiens.* La censure est
» épuratrice; il y paraît. On n'a qu'à lire l'article de
» *la Gazette de France,* où elle prétend qu'il faudrait
» répondre à un écrivain qu'elle nomme, *avec un fouet*
» *de poste.* Comme il est agréable de finir par une po-
» litesse, nous déclarons que la censure est aussi épu-
» ratrice qu'équitable, aussi équitable qu'épuratrice. »
Maintenant, je le demande, y avait-il dans cet article quelque chose qui fût contraire à la religion, à
la morale, à la monarchie, ou à la Charte? Y avait-il
autre chose qu'une réponse à des phrases copiées tex-
tuellement du *Journal de Paris?* et cependant c'est deux
jours après ce refus que ce même journal est autorisé

à insérer que toute réplique est permise. Jamais, j'ose le dire, on ne vit plus d'hypocrisie et plus d'impudeur. J'ajouterai que les censeurs me paraissent au moins aussi coupables que les journalistes. Ils n'ont l'excuse ni de la violence de la lutte, ni de l'entraînement de la parole, ni de l'irritation du combat; c'est froidement, de propos délibéré, avec préméditation, qu'ils applaudissent à des attaques contre des hommes qu'eux-mêmes désarment. Ils enchaînent ceux que l'on frappe. C'est un métier tout comme un autre, mais ce métier, dans tous les pays du monde, a passé pour le dernier des métiers.

(7) Si l'on veut un exemple des calomnies que la censure autorise, non-seulement contre des individus, mais contre la nation tout entière, l'on n'a qu'à relire un article du 5 septembre dernier. « Que Louvel ait » eu des complices, ou qu'il n'en ait pas eu....... qu'im- » porte la chose?...... Quiconque approuve le crime le » commettrait s'il en avait la force, et je ne vois rien » dans la comparaison du précepte et de l'acte, sinon » que le disciple a surpassé le maître. » Et qui donc, misérable dénonciateur, qui donc a approuvé l'exé- crable forfait de Louvel? Et où sont les *maîtres* d'un tel *disciple?* Et c'est après qu'une assemblée auguste, qu'on ne soupçonnera pas de manquer d'attachement à la monarchie, a déclaré que ce crime atroce est l'œuvre solitaire d'un monstre insensé, qu'on ose tracer ces lignes et que la censure ose les approuver?

(8) Je lis un article du 6 septembre, dans lequel un député, qu'on nomme en toutes lettres, est appelé *le patron des radicaux.* Dans ce même journal, les radi-

caux sont perpétuellement représentés comme ne respirant que le désordre, l'anarchie, le pillage. Si l'on désignait, dans un article présenté à la censure, tel écrivain célèbre du parti contraire, comme le patron d'une faction qui ne respire que proscription, vengeance, anéantissement de nos intitutions, la censure en permettrait-elle l'insertion ? Elle est instituée, disent les ministres, pour repousser des feuilles publiques, les personnalités. Dire que M. Manuel est le patron des radicaux, est-ce ou n'est-ce pas une personnalité? M. Manuel peut la dédaigner, il peut mépriser, et il méprise, j'en suis convaincu, et les libellistes et les appuis de ces libellistes. Mais les censeurs en manquent-ils moins au but de leur institution? en sont-ils moins les fauteurs de la calomnie et de l'outrage ? Observez qu'on désigne M. Manuel, à la fin de l'article, comme *le député de la Vendée*, afin que l'injure de l'individu rejaillisse jusque sur les électeurs qui l'ont nommé et sur la représentation nationale dont il fait partie.

(9) *Voyez tous* les articles des journaux de ce parti; la France y est indiquée comme le foyer des conspirations Européennes, et les principes révolutionnaires sont appelés le mal *français*. Au reste, les auteurs de ces articles oublient quelquefois de déguiser leurs vœux. Je lis, dans une feuille du 31 août, « que l'intérêt de l'humanité ordonne à tous les souverains de *nous* épargner » une confusion sanglante. » Ainsi ce n'est plus la sagesse du Roi, le patriotisme des Chambres, la force de nos institutions, la sainteté de nos lois, qui doivent nous préserver ; c'est aux étrangers à intervenir, et la censure autorise encore cet appel aux étrangers !

« Vous qui nous assurez, les yeux brillans de joie, que
» les étrangers veulent vos systèmes, ce que je ne crois
» pas du tout ; vous qui semblez mettre vos nobles opinions
» sous la protection des baïonnettes européennes..... vous
» cherchez aujourd'hui à me persuader qu'on vous permet tel
» sentiment, ou qu'on vous commande telle opinion....
» Vous m'entretenez des étrangers quand vous me parlez
» des lois de ma patrie !.... Éloignons de vaines terreurs.
» Les alliés ont eux-mêmes délivré leur propre pays du
» joug des Français ; ils savent que les nations doivent
» jouir de cette indépendance qu'on peut leur arracher un
» moment, mais qu'elles finissent toujours par reconqué-
» rir : *Spoliatis arma supersunt.* » Voilà ce que M. de
Châteaubriand écrivait en 1816 (*de la Monarchie selon
la Charte*, chap. 86). Mais c'est ce que les amis de la
liberté avaient dit en 1789, en 1792, en 1815, et ce qu'ils
diront toujours, parce que les circonstances ne sauraient
apporter aucun changement à leurs principes, quand il
s'agit de l'indépendance nationale et de la dignité du nom
français.

(10) Cet aveu naïf sera peut-être désavoué par les
habiles du parti ; mais je me défie des désaveux.
Robespierre désavouait Marat au moment où il faisait demander par celui-ci 20,000 têtes. Il est commode
pour une faction d'avoir dans ses derniers échelons un
enfant perdu qui ne respecte rien ; cela donne au reste
de la faction l'air de respecter quelque chose, et l'on n'en
va pas moins en avant. Heureusement il y a de la différence entre l'époque de Marat et la nôtre : Marat avait

derrière lui une populace frénétique ; mais il n'y a rien derrière les Marats nouveaux.

(11) Il se peut, et je le désire, que ces chicanes ne soient que l'effet des conceptions étroites et tracassières de quelques autorités subalternes ; mais il est bon, dans ce cas, que le Gouvernement en soit averti. Dans quelques départemens l'on refuse d'admettre les gendres, parce qu'il y a des petits-fils en bas âge ; dans d'autres, on exige des actes notariés que la loi ne prescrit pas ; dans d'autres encore, on veut que les électeurs prouvent qu'ils n'ont voté précédemment dans aucun département du royaume, ce qui exigerait de chacun plus de 80 déclarations rassemblées à deux ou trois cents lieues de distance. En un mot, rien n'est plus incertain, plus minutieux, plus divers que la législation qui s'introduit par le fait des subordonnés sur une matière où il est de l'intérêt du trône, comme du peuple, que les règles soient fixes, le système large et l'exécution loyale.

(12) « Ne veut-on pas encourager les hommes dévoués » au Roi en les appelant au secours de la monarchie ? Que » demandent-ils ? Qu'on leur donne une occasion de si- » gnaler leur zèle. Un acte vigoureux, un seul. » Journaux du 2 septembre. La date de cet article est à re- marquer : on ne peut nier qu'elle ne soit bien choisie. Un autre journal en publiait un le même jour, commençant par ces mots : *Mort à la révolution*, et finissant par ceux-ci : *C'est au cœur qu'il faut frapper le monstre*. La censure approuve ou tolère tous ces appels anarchiques. Les tolérerait-elle dans le sens opposé ? Elle permet d'impri-

mer : *Mort à la révolution*. Permettrait-elle d'imprimer ? *Mort à l'ancien régime ?* Cependant nos institutions actuelles repoussent l'ancien régime comme la révolution. Assurément, quiconque écrirait *mort à l'ancien régime*, serait un misérable et un insensé. Mais cette règle s'applique aux uns et aux autres.

(13) La faction que le ministère s'obstine à favoriser, ne perd aucune occasion de donner aux membres de ce ministère des preuves de ressentiment et de dédain. Lisez la mercuriale adressée par l'un de ses journaux, le 3 septembre, au ministre des finances, à ce ministre, *dont les circulaires*, dit le journaliste, *ne sont pas dictées par la sagesse qui brillait dans les conseils de Fouché.* Lisez surtout M. Clauzel de Coussergues sur M. de Serre : qui aurait pu prévoir qu'après les discussions de la première quinzaine de juin, discussions qui, aux yeux de M. Clauzel de Coussergues, auraient dû effacer tous les torts de M. de Serre envers son parti, il accuserait ce ministre d'avoir autorisé d'épouvantables calomnies (page 111), lui reprocherait sa loi athée (page 143) et le traiterait de rhéteur, pour n'avoir pas suivi, lors de la sédition des *boulevards*, l'exemple de Cicéron (page 191 des pièces justificatives) ! car c'est toujours l'exemple de Cicéron qu'on invoque. Il serait si doux en effet, dans des circonstances difficiles, d'entendre les ministres en entrant dans la salle, dire de certains orateurs hardis et incommodes, *ils ont vécu.* Au reste, j'adopte volontiers le jugement que porte M. Clauzel de Coussergues sur la conduite de M. le garde des sceaux, lors des évènemens du 3 juin. « Ses discours véhémens rapprochés de l'incapacité

» des chefs de la sédition, n'ont servi, dit-il, qu'à prouver
» la faiblesse ou l'imprévoyance du Gouvernement, qu'à
» encourager les séditieux et à inquiéter les gens pai-
» sibles qui considèrent l'avenir. » Reste à savoir qui
étaient les chefs de la sédition; de ceux qui ont attaqué
des Députés, de propos délibéré et par suite d'un complot formé d'avance, ou de ceux qui ont failli être
victimes de ce complot, et qui en ont inutilement de-
mandé justice.

Puisque le hasard m'a conduit à parler ici de l'ouvrage
de M. Clauzel de Coussergues, je prendrai la liberté de
lui adresser une question sur un fait particulier.

Dans une note de ses pièces justificatives, n° 4, p. CIII,
on lit que cinq protestans seulement furent tués à Nîmes
en 1815. Ils ne furent pas sacrifiés, dit-il, à des haines
politiques, ils périrent sous les coups des parens de ceux
dont ils avaient été les meurtriers. J'admets pour l'instant
son assertion; mais cette assertion me dicte la question
que je lui adresse.

L'on a donc en 1815 tué à Nîmes cinq protestans ? Or,
qu'avait dit à cette époque M. d'Argenson à la tribune ?
Que des bruits affligeans, dont il n'affirmait pas même la
vérité, mais qu'il croyait nécessaire d'éclaircir, lui fai-
saient craindre que des protestans n'eussent été massacrés
dans le Midi. M. Clauzel de Coussergues était de la
chambre introuvable, si je ne me trompe; ses honorables
amis en étaient. Que le nombre des victimes protestantes
ait été de cinq, comme il le dit; de onze, comme l'a prétendu M. de Saint-Aulaire; de mille, comme l'a dit plus

tard lord Castlereagh , cela n'importe en rien à l'exactitude du fait rapporté par M. d'Argenson. D'où vient donc que la majorité dont M. Clauzel de Coussergues faisait partie, a rappelé à l'ordre un député pour avoir dit un fait qu'il reconnaît aujourd'hui pour incontestable? Cinq hommes assassinés valaient bien la peine qu'on fît une enquête. Peut-être cette enquête, si elle avait eu lieu, aurait prévenu d'autres assassinats postérieurs. Sous ce rapport, ceux qui ont éloigné toute recherche, en seront moralement responsables. Je livre cette considération aux réflexions de M. Clauzel, en remarquant seulement que, de son aveu, des meurtres se commettaient, que des réclamations parties de la Chambre pouvaient les arrêter, et qu'en imposant silence, en frappant de la seule punition qu'on pût infliger, l'orateur qui était l'organe de ces réclamations, on manquait à la vérité, puisque les faits étaient vrais ; à l'indépendance d'un collègue , puisqu'il avait le droit de les dire ; et à l'humanité , puisque l'effet de cette mesure injuste et rigoureuse était d'encourager les assassins sur les forfaits desquels on jetait un voile.

(14) *Voyez* la brochure très claire, très bien écrite, et très convaincante de M. Choppin d'Arnouville, ancien préfet de l'Isère, sur les élections de ce département en 1819. Un journal ministériel a essayé d'infirmer ses calculs. Mais il s'est bientôt lassé lui-même d'une tentative infructueuse, et sans rien contester, il a justifié la faction que M. Choppin d'Arnouville, avait accusée. « Que voulait-elle ? « Renverser une loi enne-

» mie en l'aidant à porter ses fruits? » Qu'avait dit de plus M. Choppin d'Arnouville?

(15) Ce n'est pas sans regret que je rappelle ici les torts graves de M. de Serre. Il m'a long-temps semblé l'une des espérances de la liberté constitutionnelle en France. Son impartialité dans la présidence, son talent d'orateur, sa franchise dans la discussion sur la presse, l'avaient placé bien haut. J'attribuais ses erreurs à peu d'habitude et sur-tout à peu de connaissance de l'organisation du gouvernement représentatif. Son début dans la carrière militaire et civile me paraissaient une explication et une excuse. Mais que dire de la ligne qu'il s'est obstiné à suivre durant cette session? Si je voulais être sévère, ce n'est pas mon jugement que j'énoncerais ; j'emprunterais les arrêts de l'amitié, quelquefois plus amère que l'hostilité ou l'indifférence.

(16) Je crois avoir analysé avec exactitude la tendance et le but de la loi substituée le 17 avril 1820 à celle que M. Decazes avait proposée le 14 février. *Voyez* la brochure intitulée : *des Motifs qui ont dicté le nouveau projet de loi sur les élections*. Paris, chez Béchet, quai des Augustins, n° 57.

(17) Rien n'est plus curieux à observer que le changement graduel de langage dans la faction qui avait voulu fausser notre système électoral par l'introduction des deux degrés et de la candidature. Cette faction avait commencé par triompher de la destruction de la loi du 5 février. Mais dès qu'elle a vu que les amis de la liberté ne désespéraient pas de la loi nouvelle, elle en a désespéré elle-même, et tous ses journaux se sont remplis d'invi-

tations au ministère, pour qu'il en suspendît l'exécution par quelque *acte vigoureux* ou quelque *grande mesure*, ou pour qu'il en éludât l'effet par l'exercice avoué d'une influence inconstitutionnelle et illégale. La réfutation la plus victorieuse de ces conseils perfides se composerait des reproches adressés par M. de Châteaubriand au ministère en 1817, sur son intervention dans les élections de 1816, et des paroles suivantes de M. Clauzel de Coussergues : *Quand même M. Decazes n'aurait envoyé qu'un seul de ses agens, quand il n'aurait écrit qu'une seule circulaire pour diriger les élections, il serait évidemment coupable d'avoir empêché la nation de manifester librement son vœu, manifestation qui est le principe fondamental de la monarchie représentative et la principale cause de sa prospérité, et pour cela seul il serait coupable, dans de pareilles circonstances, de la trahison la plus criminelle qu'un ministre puisse concevoir contre le monarque et son peuple.* (Projet de proposition d'accusation de M. Decazes, page 59.) Il est vrai qu'en rappelant ces principes, M. Clauzel de Coussergues ne songeait qu'à sa campagne privée contre M. Decazes, tandis que ses amis, en conseillant au ministère d'attenter à la liberté des élections, songeaient à leur guerre générale contre les libéraux. Les généraux habiles varient leur tactique suivant les ennemis, et pour certains hommes les principes sont une tactique.

(18) *Voyez* les journaux du 19 août.

(19) *Voyez* les journaux du 24.

(20) Journaux du 21.

(61)

(21) *Voyez* les journaux du 25. Je ne puis m'empêcher de rapporter, à ce sujet, une circonstance assez singulière. En répondant à cet article, un écrivain avait remarqué qu'il fallait non-seulement frapper fort et frapper vite, mais aussi frapper juste. La censure a retranché cette phrase. Apparemment cette censure trouve inutile qu'on frappe juste, pourvu qu'on frappe vite et fort.

(22) *Voyez* les Journaux du 26 août.

(23) A l'occasion de cette nécessité prétendue d'adopter des principes en sens contraire de la révolution, une observation me sera permise, et je l'appuierai d'une autorité que tout le monde reconnaîtra, je pense, comme imposante. Depuis quelque temps, certains journalistes proclament avec une ostentation et une véhémence toujours croissantes, qu'ils acceptent la dénomination de contre-révolutionnaires, qu'ils sont les ennemis de la révolution, qu'il faut la détruire, etc. Or, voici ce que je lis dans un discours mémorable, dont l'auteur a droit, comme on le verra, à toute notre confiance et à tous nos respects. « Depuis le jour où, dans la seconde » assemblée des notables, je me déclarai sur la question » fondamentale qui divisait les esprits, je n'ai pas cessé » de croire qu'une grande révolution était prête ; que le » Roi, par ses intentions, ses vertus et son rang suprême, » devait en être le chef ». (Discours de Monsieur, frère du Roi, maintenant Louis XVIII, le 26 décembre 1789.) Je suppose qu'aucun bon Français n'hésitera entre le monarque, se déclarant le chef de la révolution, et les

auteurs de certains journaux, se professant contre-révolutionnaires.

(24) « Des pleurs coulent peut-être déjà pour les victimes qui sont au secret. Bénissons le siècle des lumières, où il nous est *permis* de *s'attendrir* aussi publiquement sur d'innocens conspirateurs. » Journaux du 7 septembre 1820. Certainement, si les détenus sont coupables, ils méritent toute la sévérité des lois; mais, jusqu'à ce qu'ils soient convaincus, sera-t-il défendu de s'intéresser à leurs souffrances? Il y a dans cette irritation contre la pitié, une férocité que rien n'excuse. Ce regret de ce qu'il est permis de s'attendrir publiquement sur des accusés peut-être innocens, est un sentiment tellement féroce et tellement ignoble, qu'il faut remonter jusqu'aux bourreaux de 1793 pour trouver un équivalent. Avant le 5 septembre, à la vérité, il n'était pas non plus permis de s'attendrir. Une femme fut mise en jugement à Lyon pour avoir eu l'audace de plaindre un homme condamné par la Cour prévôtale. (Journaux du 20 mars 1816.) Ils ne font au reste que persister en 1820 dans leur caractère de 1815. Lorsqu'après nos revers, il y a cinq ans, les étrangers mettaient à mort les paysans qu'ils prenaient armés pour la défense du territoire, ils imprimaient ces mots : *Lorsqu'on rencontre des paysans armés, on met à leur col l'ordre du mérite des bandits, et on les accroche au premier arbre.* Quand à Nîmes des protestans étaient massacrés, ils commençaient en ces termes le récit défiguré de ces évènemens : *Depuis quelques jours, les Bonapartistes* (ceux

qu'on venait d'égorger comme Bonapartistes) *affectaient une joie maligne.*

(25) Voyez les diverses livraisons de la Minerve lors de la conspiration de juin 1818.

(26) Je proposerai ici à tous mes lecteurs une question que je les invite à résoudre. Dans une de ces adresses auxquelles je fais allusion, et que je persiste à croire supposées, on lit les mots suivans : « Quoi ! une secte à » jamais impie et régicide afficherait hautement des prin- » cipes subversifs de toute société ! ses prédicans, ses » chefs seraient connus ; l'Europe entière les nommerait, » et cependant ils oseraient espérer que quelques obscurs » instrumens seraient seuls frappés par le glaive que Dieu » a remis entre les mains de V. M., pour le salut de votre » immense famille. Non, Sire, il n'en sera pas ainsi. » La censure a permis qu'on insérât ces phrases dans tous les journaux. Maintenant, je le demande, si après la découverte de la prétendue conspiration du mois de juin 1818, les libéraux se fussent adressés au Roi en ces termes : Une secte, alliée de l'étranger, ennemie de tous les principes que V. M. a professés depuis 1788, avide de dépouiller la nation de tous les droits que V. M. lui a rendus, afficherait hautement des maximes subversives de toute liberté constitutionnelle, destructives de la Charte, le plus bel ouvrage de V. M. ! ses prédicans, ses chefs seraient connus ; l'Europe entière les nommerait, et cependant ils oseraient espérer que quelques obscurs instrumens seraient seuls frappés par le glaive que Dieu a remis entre les mains de V. M. pour le salut de votre immense famille. Non, Sire, il n'en sera pas ainsi. Si les libéraux, dis-je,

se fussent permis d'imposer de la sorte au trône, des lois de sang et de proscription, un cri d'horreur n'aurait-il pas retenti d'un bout de la France à l'autre, et la censure de 1818 aurait-elle toléré l'insertion de ces déclamations sanguinaires ? La position était pourtant parfaitement la même. Des hommes étaient accusés d'avoir voulu attenter à la Charte ; d'autres étaient soupçonnés de favoriser ces attentats, comme aujourd'hui des hommes sont accusés d'avoir conspiré, et d'autres soupçonnés d'avoir été au fond de leur cœur, favorables à cette conspiration. Mais la censure aurait objecté, avec raison, que des accusés non convaincus, des suspects non accusés, ne devaient pas être en butte à des vociférations illégales autant qu'ingénéreuses. C'est qu'entre 1818 et 1820, il y a la distance d'un régime constitutionnel à un régime qu'un ministre lui-même a caractérisé d'arbitraire ; et entre la censure de ces deux époques, l'intervalle qui sépare des fonctionnaires chargés d'une tâche fâcheuse, qu'ils remplissaient de leur mieux, d'avec les instrumens dévoués d'une faction.

(27) Presque toutes les conspirations dont on nous entretient, peuvent, j'ose le dire, s'expliquer par ce peu de mots, que j'emprunte à une brochure que j'ai déjà citée plus haut : « Il serait absurde de penser qu'il soit » possible d'organiser une conspiration, de la provoquer » quand il n'en existe pas d'élémens ; mais on peut ex-» pliquer ainsi des évènemens qui paraissent extraordi-» naires. On profite de la disposition hostile de quelques » esprits, de quelques paroles imprudentes, pour pous-» ser, avec le secours d'agens secrets, bien dévoués, une » partie mécontente de la population, et l'on transforme

» ainsi en conspirateurs, des hommes seulement mécon-
» tens ou inconsidérés. » (Brochure de M. Choppin d'Arnouville, *sur les Élections de l'Isère*, page 8.)

(28) *Voyez* entre autres un article du Journal des Dé-
bats, du 31 août 1820. On y prodigue les raisonnemens
et les faits, pour prouver une vérité qu'assurément personne ne nie : c'est qu'il n'y a ni liberté ni repos pour les
peuples chez lesquels les soldats usurpent la puissance et
décident du sort de l'état. Mais la démonstration facile de
cette vérité est encore gâtée par la manière étroite et par
conséquent fautive dont l'auteur envisage la question qu'il
traite. On dirait que Caligula n'est tombé du trône que parce
que ses gardes étaient indisciplinés. On dirait que Néron n'a
péri, après avoir opprimé quatorze ans le monde, que
par une insurrection militaire. Sans doute, l'insubordination des soldats est incompatible avec tout gouvernement
régulier et libre; mais un gouvernement libre est aussi le
meilleur moyen, et un moyen sûr pour n'avoir rien à
craindre de l'insubordination des soldats.

> (29) *Nec civis meus est, in quem tua classica, Cæsar*
> *Audiero........*
> *His aries actis disperget saxa lacertis,*
> *Illa licet, penitus quam tolli jusseris, urbem*
> *Roma sit.*
>
> LUCAIN.

Ce sont des prétoriens qui parlent; et c'est là, si je ne
me trompe, de l'obéissance passive aussi complète qu'on
peut la désirer.

(30) Voyez les articles du Moniteur et du Journal de
Paris, contre les bruits qui circulent, articles qui ont

l'inconvénient de révéler ces bruits à ceux qui ne les connais-
saient point. Le Journal de Paris convient naïvement « que
» toutes ses colonnes ne suffiraient pas , s'il fallait chaque
» jour démentir les nouvelles ridicules et absurdes que la
» malveillance ne cesse d'inventer et de colporter.»(Numéro
du 5 septembre 1820.) Aussi une autre feuille qui va plus
droit au fait, demande qu'on impose silence aux imposteurs,
et *qu'on fasse taire* les bruits répandus par la faction ja-
cobine ou bonapartiste. (4 septembre.) N'est-il pas amu-
sant de voir le parti qui défendait si vigoureusement la
liberté de la presse en 1817, vouloir détruire jusqu'à la
liberté de la parole en 1820 ?

(31) Au moment où je livre à l'impression les pages pré-
cédentes, je jette les yeux sur une brochure dans laquelle
je suis traité avec une bienveillance dont je dois être fort
reconnaissant, mais qui me fournit une occasion que
j'aime à saisir, pour expliquer toute ma pensée. Dans
cette brochure, après des éloges dont je ne me flatte point
d'être digne, l'on ajoute que je sais que la session qui se
prépare demandera surtout de la franchise et du courage,
et que c'est-là que je me propose d'achever mes preuves.
Mes preuves, autant qu'elles peuvent se faire , sont faites,
e n'en revendique aucun mérite, j'ai montré le degré quel
qu'il soit, de courage et de franchise dont je suis capable :
ma franchise consiste à dire toute mon opinion et à ne rien
dire par-delà ; je place le courage à ne me laisser ni retenir
ni pousser, et l'on réussirait aussi peu à l'un qu'à l'autre. Je
sais quel est mon but, c'est la liberté ; mes moyens , les
formes constitutionnelles. Je suis la route qui me paraît
droite , et je ne dépasserai pas d'une ligne le terme qui me

semble raisonnable, comme je ne resterai pas d'une ligne en arrière de ce terme. Je me sers du langage qui m'est propre , sans m'enquérir si on l'appelle faible ou si on le voudrait rude ; aucune considération ne m'engagerait à le renforcer ou à l'affaiblir, et les insinuations comme les critiques , et les critiques comme les louanges, se briseront en pure perte contre une résolution peut être aussi courageuse que toute autre.

FIN.